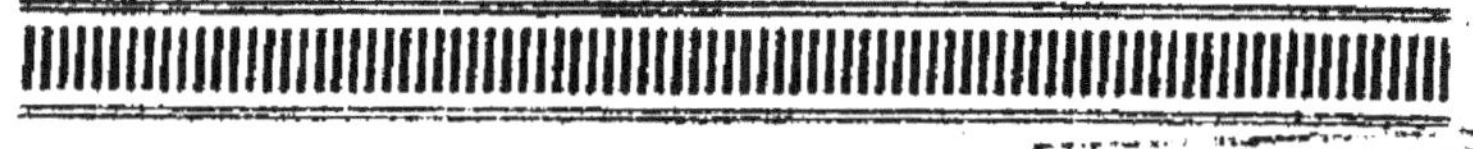

SOCIÉTÉ

des

Amis des Arts

de Seine-et-Oise

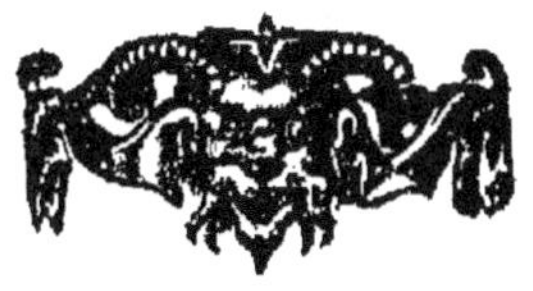

70me EXPOSITION

1927

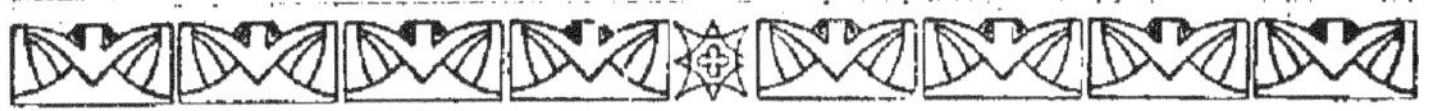

70ᴱ EXPOSITION

de la

Société des Amis des Arts

de Seine - et - Oise

Enoncé des Œuvres

DE

Peinture, Sculpture, Architecture,

Gravure

Miniature, Dessin et Pastels

EXPOSÉES

Dans les Salons de l'Hôtel de Ville de Versailles

DU

22 Mai au 27 Juin 1927

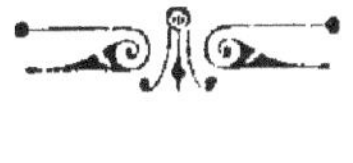

V.

38553 (70)

(1927)

LA Société organise chaque année une Exposition de Peinture, Sculpture et objets d'art. Elle favorise les artistes par l'acquisition à cette Exposition d'un certain nombre d'ouvrages qui forment les lots d'une tombola tirée entre les Sociétaires.

De plus, au cours de l'Exposition et pendant l'année, la Société organise des Concerts et des Manifestations artistiques.

N. B. — Un livret indiquant le prix des ouvrages est déposé entre les mains du gardien de l'Exposition.

ABRÉVIATIONS

H. C. — *Hors Concours.*
M. H. — *Mention honorable.*
Méd. — *Médaille.*
V. — *Versailles.* P. — *Paris.*
S*. *Sociétaire.*
E. U. — *Exposition universelle.*
✸ O. — *Officier de la Légion d'honneur.*
✸. — *Chevalier de la Légion d'honneur.*
✠. — *Croix de Guerre.*
✿ I. — *Officier d'Intruction publique.*
✿ A. — *Officier d'Académie.*

Ces titres indiquent les récompenses obtenues aux Salons de Paris et aux Expositions de Versailles

AVIS

Les Artistes dont les notices ne nous sont pas parvenues à la date fixée par l'invitation n'ont pu figurer au présent Catalogue.

Consulter en fin de Catalogue les noms de quelques Artistes dont les notices sont arrivées assez à temps pour figurer dans cette partie additionnelle.

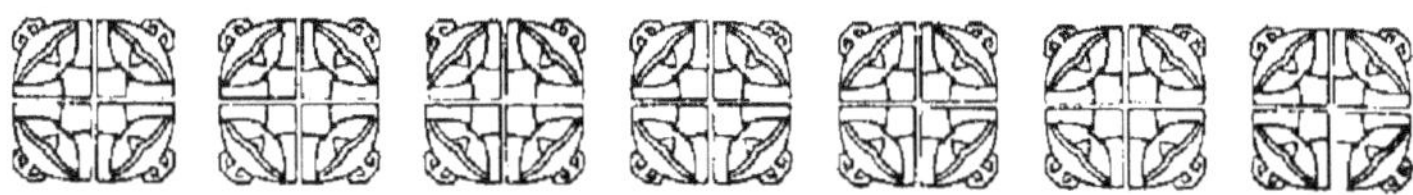

MEMBRES

DU CONSEIL D'ADMINISTRATION

DE LA

SOCIÉTÉ DES AMIS DES ARTS

de Seine-et-Oise

Présidents d'honneur. M. le PRÉFET.
M. le MAIRE DE VERSAILLES.
M. CLÉMENTEL ✳ O.
M. BARBET ✳ O .
M. VALENTINO ✳ O.

Président titulaire ... M. CHAUSSEMICHE ✳.

Vice-Présidents ...... M. HUEBER ✳.
M. RENAULT ❂ I.

Trésorier........,... M. HERBIN ❂.

Secrétaire général ... M. Jean-Marie BOULAN ✳, ❦.

Secrétaires adjoints.. M. DIDIER ❂ I.
M. MANGEANT ❂ I.

Commissaire Général de l'Exposition : M. René ROUSSEL ❂.

Commissaire Adjoint : René JANSON.

Président Honoraire du Jury : M. Georges BERTRAND ✳.

Membres du Conseil : MM. PRODHOMME ❂ I., GUÉRITTE ❂, DUBOIS, F. BOULÉ ❂, MARCADIER ❂, René AUBERT, P.-A. LEROUX.

Membres Correspondants pour Paris : MM. HUMBLOT, Sénateur et DALLEMAGNE ❂ I.

Membre Correspondant pour la Société des Sciences Morales : M. PICHARD DU PAGE.

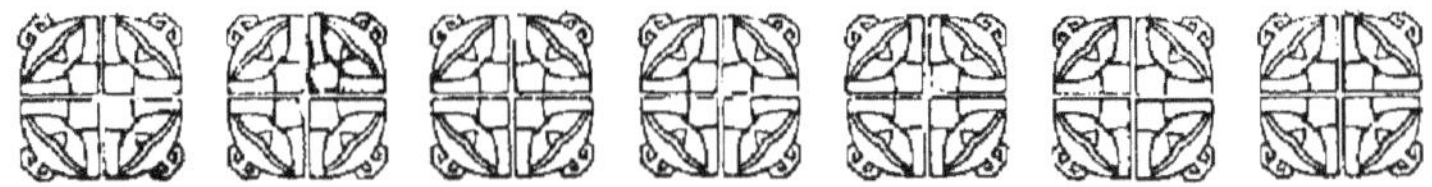

ÉNONCÉ DES ŒUVRES

EXPOSÉES

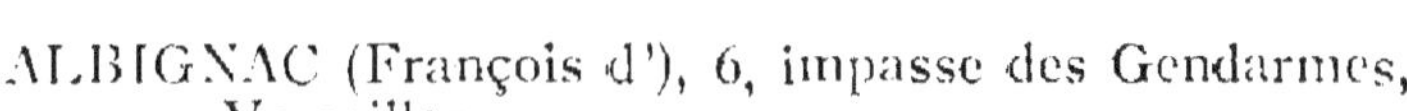

ALBIGNAC (François d'), 6, impasse des Gendarmes, Versailles.

1. *Boîte cigogne pour fumeurs* (sculpture).

ALIZARD (Paul), 108, boulevard du Montparnasse, Paris (14e) (Sre). — P. H. C. (Artistes Français). — V. Diplôme d'honneur.

2. *Au Marché d'Antibes* (huile).
3. *Les derniers jours* (huile).

AMARIGLIO (Louis), 7, rue Edouard-Manet, Paris (13e) (Sre).

4. *Eglise de Mareuil-Caubert* (Somme) (peinture).
5. *Bassin Grand-Trianon, Versailles* (peinture).

ANGER (Jacques), 33, rue Vineuse, Paris (16e).

6. *Etude à Veules* (huile).
7. *Etude à Veules* (huile).

AUBERT (René), 34, avenue de St-Cloud, Versailles (Sre). — Médaille au Salon des Artistes Français ; Bourse de voyage de l'Etat.

8.
1. *Musique de chambre* (peinture).
2. *La Maison ensoleillée* (peinture).
3. *Le pont d'Espaly* (peinture).
4. *La Dentellière* (peinture).
5. *Paysage* (peinture).

AVÈNE (Simone d'), 39, rue Ste-Sophie, Versailles (S^{re}).

9. *Qui a volé ma cornue magique ?* (aquarelle).
10. *La fée qu'on a oublié d'inviter* (aquarelle).

BAILLY (Alexandre), 41 *bis*, rue du Haut-Pavé Etampes (S^{re}).

11. *Papavers* (peinture).
12. *Nymphes au bord de la mer* (peinture).

BARANGER (Marie), 7, rue Saint-Louis, Versailles (S^{re}). — V. M. H.

13. *Le vieux puits* (aquarelle).
14. *Nature morte* (aquarelle).

BARRUET (Yvonne), 87, boulevard St-Germain (6e). — P. Toile acquise par l'Etat à l'Exposition du franc (Galerie Armand Drouaut).

15. *Nature morte* (peinture).
16. *Le Calvaire (paysage breton)* (peinture).

BARTHALOT (Mlle Dodonne), 35, avenue de Wagram, Paris.

17. *Fleurs* (peinture).
18. *Fleur d'ancolie* (pastel).

BASTARD (Adrienne), 47, boulevard de la Reine, Versailles. — V. Méd. d'argent, M. H.

19. *Enfants aux oranges* (peinture).
20. *Au Parc et à Trianon* (pochades).

BAUDOIN (Jean-Franck), 42, rue du Montparnasse, Paris (14e). — Bourse de voyage au Salon des Artistes Français.

21. *Port de Saint-Martin-de-Ré* (peinture).
22. *Eglise de Saint-Martin-de-Ré* (peinture).

BAUDRILLART (Emmanuel), 25, rue Neuve, Versailles (S^{re}).

23. *Poteries émaillées.*

BAUMEISTER (Mlle Lily), 71, rue Saussure, Paris.

24. *Les Tuileries en hiver* (aquarelle).
25. *Roses* (aquarelle).

BAZELAIRE (Alise de), 78, rue d'Anjou, Versailles.

26. *Sous-bois d'hiver, allée* (aquarelle).
27. *Effet d'automne, deux hêtres* (aquarelle).

BELLAMY (Madeleine), 92, boulevard Richard-Lenoir, Paris (11e) (Sre).

28. *Soleils* (aquarelle).
29. *Narcisses, Giroflées* (aquarelle).

BENOIT (Jeanne), 16, rue Galliéni, Versailles (Sre).

30-31. *Reliures en vitrine*, en collaboration avec Mlle Fincken d'Hautemarche.

BERTIN (Mme Madeleine), 36, rue du Peintre-Lebru , Versailles (Sre).

32-33. *Deux figurines en cire*, sous deux globes.

BESNUS (Georges), « Ker-Ka-ré », route départementale, Vaucresson (S.-et-O.) (Sre). — V. 2 médailles d'argent et M. H.

34. *Coings (nature morte)* (peinture).
35. *Clair de lune à Penthièvre (Morbihan)* (peinture).

BEDELL-BRICHARD (Mme Gabrielle), 90, boulevard Garibaldi, Paris (15e) (Sre). — P. M. H. Artistes Français. — V. M. H.

36. *L'Étang (Corrèze)* (huile).
37. *Le vieux manoir (Corrèze)* (huile).

BOESWILLWALD (Emile), 8, cité Vaneau, Paris (7e). — P. H. C. Artistes Français.

38. *Mademoiselle M. M. de K.* (pastel).
39. *Monsieur J. P.* (pastel).

BOULAN (Jean-Marie), 7, rue de l'Orangerie, Versailles (Sre). — P. Méd. d'or Exposition des Arts décoratifs de 1926. — V. 2 Méd. d'argent.

40. *Exposition d'ensemble : Souvenirs de voyages* (huile).

BOURGOIS (Ernest), 18, rue Saint-Médéric, Versailles (Sre). — V. M. H.

41. *Matinée d'automne dans le Parc de Versailles* (peinture).
42. *Temps calme (Berck)* (peinture).

BRÉCHENMACHER (Raymond), 5 *bis*, rue Ste-
Sophie, Versailles (S^re). — P. Méd. Salon Artistes Français; Grand Prix de Rome 1922.
43. *Falaise de la vallée de l'Orne* (peinture).
44. *Paysage normand* (peinture).

BRINON (Mlle Marcelle), Pussay (S^re).
45. *Roses en cire modelée et colorée.*

BRISTOL (René), 194, rue des Aubépines, Colombes.
P. Méd. d'argent Artistes Français.
46. *Masque bronze cire perdue.*
47. *Masque bronze cire perdue.*

BRON (Achille), Taillebourg (Charente-Inférieure)
(S^re). — V. 3e Médaille (1922).
48. *La rivière en été* (peinture).
49. *Le marais poitevin* (peinture).

BRUNET (Mme Jeanne), 11, avenue du Beau-Site,
Sèvres (S.-et-O.) (S^re).
50. *Portrait de femme (étude)* (peinture).
51. *Panneau d'études* (peinture).

BRUNET (Maurice), rue de Gravelle, 1, Versailles.
— V. Médailles.
52. *Portrait* (peinture).
53. *Paysage (Trianon)* (peinture).

BUFFET (Mlle Jeanne), 2, rue Saint-Louis, Versailles
(S^re). — Fontainebleau: Méd. d'argent. —
Langres: Méd. 1re cl.
54. *Petite fille de Cervaro* (huile).
55. *Dans le Bosquet de la Reine* (craie d'art).

CAHEN (Marcelle), 23, boulevard St-Martin, Paris.
56. *Paysanne du Limousin* (pastel).
57. *En pays Bigouden* (détrempe).

CAPDEVIELLE (Lucienne), 19, avenue de Tourville,
Paris (7e).— P. M. H. Artistes Français 1925.
58. *Gitane* (peinture).

CARILLON-GARDNER (Marguerite), chez M. Didier, 16, rue Alexandre-Lange, Versailles (S^re).
59. *Étang à Hampstead Garden Suburb* (peinture).

CASPERS (Mlle Pauline), 2, rue Jean-de-Bologne, Paris (S^re). — V. Rappel Méd. d'argent.

60. *Fleurs de printemps* (peinture).
61. *Primevères* (ovale) (aquarelle).

CAUDEL (Mlle Madeleine), 75, rue Nollet, Paris (17e). P. Prix du Département de la Seine.

62. *Les Soucis* (aquarelle).
63. *Bassin de Trianon* (peinture).

CHABOD (Jeanne), 150 *bis*, rue de Paris, Sannois (S.-et-O.). — P. Encouragement spécial de l'Etat.

64. *Enfant à la bulle* (peinture).
65. *Fleurs et Fruits* (peinture).

CHAPELET (Roger), 22, rue André-Del-Sarte, Paris (S^re).

66. *Exposition d'ensemble*.

CHAUMET-SOUSSELIER (M.-L.-J.), 3, rue Jacques-Dulud, Neuilly-s.-Seine (S^re). — P. M. H. Artistes Français.

67. *Pêches* (pastel).
68. *Fraises* (peinture).

CHAUVELON (Gabriel), 8, square Moncey, Paris (9e). — P. Méd. de bronze et d'argent Artistes Français.

69. *La Trinité-sur-Mer* (Morbihan) (peinture).
70. *La Baie de Morlaix* (Finistère) (peinture).

CHRETIEN (René), 15, rue Hégésippe-Moreau, Paris. — P. H. C. — V. Méd. d'argent, Diplôme d'honneur.

71. *Raisin et bon vin* (huile).

COLO (Andrée), 25, rue de l'Hôtel-de-Ville, Neuilly-s.-Seine.

72. *Roses* (aquarelle).
73. *Œillets* (aquarelle).

COMBASTEL (Magdelaine), 4, rue d'Artois, Versailles (S^re).

74. *Jetée de roses* (aquarelle).
75. *Coin du Parc* (*Latone*) (aquarelle).

CONTRAULT (Emile), 1, rue Allard, Saint-Mandé (S^{re}). — Sociétaire du Salon d'Automne. — V. Méd. d'argent.

76. *Oucques (Loir-et-Cher)* (peinture).
77. *Bénoset (Finistère)* (peinture).

CORDONNIER (Alphonse), O. ✸, 7, villa Spontini.

78. *Marine* (peinture).
79. *Marine* (peinture).

CORPET (Etienne), 158, rue de Charonne, Paris (11e) (S^{re}). — P. M. H.

80. *Poires et raisins* (peinture).
81. *Panier de pêches* (peinture).

CORPUS (Paul), 28, rue St-Louis, Versailles (S^{re}). — V. Méd. d'argent.

82. *Roulottes sous la neige* (peinture).
83. *Matinée de printemps* (peinture).

DANGER (Henri), à Fondettes (Indre-et-Loire) (S^{re}). — P. H. C. — V. Prix du Ministre.

84. *Baigneuse* (peinture).
85. *Une étude, Italie* (peinture).

DANGON (Jeanne), 25, quai des Grands-Augustins, Paris (6e). — P. M. H. — V. Méd. d'argent.

86. *Pavots blancs* (pastel).
87. *Pommes vertes* (pastel).

DARCY (Mlle Geneviève), Château de Jancigny, à Jancigny, par Renène (Côte-d'Or).

88. *Rue de l'Abreuvoir, à Cagnes (Alpes-Maritimes)* (aquarelle).
89. *La Chapelle, à Cagnes (Alpes-Mar.)* (aquarelle).

DELABARRE-HENRY (Henriette), 96, rue Royale, Versailles (S^{re}).

90. *Portrait de Mme D.,* appartient à Mme D. (peinture).
91. *Jeune fille de la Réunion* (peinture).

DELBEKE (Léopold), 18, rue Thiboiméry, Paris
  (15e) (Sre). — P. O. ɸ. — V. 2e Méd. argent.

92. *Château de Versailles. Du haut des Corniches ;
  les grandes statues de l'Attique* (tempera).
93. *Château de Versailles. Du haut des Corniches ;
  les grandes statues de l'Attique* (tempera).

DESDOUITS (Mlle Thérèse), 3, avenue de St-Sloud,
  Versailles (Sre). — V. Méd. d'argent.

94. *Reliures.*
95. *Fleurs en peau dans une vitrine.*

DEVINA (Jeanne), 50, rue Didier, Paris (16e), 39,
  boulevard de la Reine, Versailles (Sre). —
  V. 3 fois 3e Médaille.

96. *Portrait d'enfant* (miniature).
97. *Fleurs* (miniature).

DIDIER (Clovis), 16, rue Alexandre-Lange, Versailles. — P. M. H. — V. Prix du Salon.

98. *Exposition d'ensemble.*

DIDIER (Mme Marie), 63, rue Saint-Didier, Paris
  (Sre). — V. M. H.

99. *Les Ponchettes (Nice)* (aquarelle).
100. *Soir d'été, Jaranz (Espagne)* (aquarelle).

DIDIER (Emile), 63, boulevard de la Reine, Versailles (Sre).

101. *Un cadre contenant trois aquarelles, Versailles*
  (aquarelle).

DUPAIN (Edmond), 152, boulevard Montparnasse,
  Paris. — P. H. C., ✾.

102. *La bergère et ses moutons, près du cerisier de
  la Blaise (Maillebois)* (peinture).
103. *L'étang du vieux moulin* (peinture).

ESCLAIBES (Noémie d') 10, rue Ste-Victoire (Sre).

104. *Un coin du Grand Trianon* (aquarelle).
105. *La balustrade à Trianon* (aquarelle).

ESTRÉES (Mme Thérèse d'), 6, rue Edouard-Detaille,
  Paris (17e). — P. M. H. Artistes Français.

106. *Le cierge* (peinture).
107. *Chouquette (coker)* (pastel).

FAURE (Mlle Anne), 25, rue Quentin-Bauchart, Paris (8e) (S^re). — P. M. H. Artistes Français.

108. *Papillon noir* (peinture).
109. *Jeune fille* (pastel).

FAURE (Mlle Hélène), 25, rue Quentin-Bauchart, Paris (8e) (S^re). — P. Méd. 3e classe Artistes Français.

110. Vitrine :
Portrait de Lady B... et sa fille (miniature).
Portrait de Mme de C... (miniature).
Portrait de Mme K. L... (miniature).
Portrait du Général d'U... (miniature).
jour d'été (miniature).
L'enfant au livre (miniature).

FINCKEN D'AUTEMARCHE (Germaine), 5, carrefour de Montreuil, Versailles (S^re). — V. 3e Méd. d'argent.

111. *Une vitrine de travaux et reliures d'art.*

FLEURDELYS (Hélène), 111, rue de Paris, Taverny (S.-et-O.) (S^re).

112. *Portrait de femme âgée* (peinture).
113. *Nature morte* (peinture).

FLEURY (Charles), 17, avenue de Gennevilliers, Colombes (S^re).

114. *Nature morte* (peinture).
115. *Pont-Neuf* (peinture).

FOREST (Maurice), 10, rue Georges-Clémenceau, Versailles (S^re).

116. *Nature morte* (peinture).

FOSSE (Jack), 29, rue de la Mairie, Le Chesnay (S^re). — V. M. H.

117. *Giroflée* (huile).

FRANTZEN (Lucien-Pierre), 52, avenue A. de Musset, Le Vésinet (S.-et-O.) (S^re). — P. Lauréat du Salon des Inventions, de l'Artisanat.

118. *Femme malgache, étude décorative* (dessin et aquarelle).
119. *Projet de grille d'un monument égyptien ; balustrade pour un muséum* (dessin et lavis).

GAUDRION (Mlle Francine), 9, rue Duperré, Paris (S^{re}). — P. Prix d'aquarelle à l'Union des Femmes peintres.

120. *Soucis et citrons* (aquarelle).
121. *La Conciergerie* (aquarelle).

GOSSELIN-CIZALETTI (Emilie), 18, rue Tronchet, Paris (8e). — P. Sociétaire Salon d'Automne, ♀ I. — V. Mention.

122. Vitrine de bijoux :
    1. *Poudrier émail.*
    2. *Bracelet émail.*
    3. *Bague émail triangulaire.*
    4. *Bague émail ronde.*
    5. *Broche longue émail.*
    6. *Boîtes cigarettes émail.*
    7. *Boucles d'oreilles émail.*
    8. *Boucles d'oreilles argent doré.*
    9. *Boucles d'oreilles argent doré.*
    10. *Boucles d'oreilles émail* (don à la Loterie).
    11. *Bracelet fleurettes argent doré.*
    12. *Broche pour chap. argent masqué.*
    13. *Couverture livre bois sculpté.*

GUY (Marguerite), La Roche-Guyon (S.-et-O.) (S^{re}).

123. *Canard* (peinture).
124. *Lièvre* (peinture).

HELLET (Madeleine), 25, avenue Gambetta, Clichy (Seine) (S^{re}).

125. *La « Plazette » à Collisme* (peinture).
126. *L'église dans la mer* (peinture).

HENRY-FONDEUR, 39, avenue de la République, Paris (S^{re}).

127. *Bords de la Seine, Rueil* (aquarelle).
128. *Carteret* (Manche) (aquarelle).

HÉRAULT (Madeleine), 52, rue Royale, Versailles (S^{re}). — V. Médaille.

129. *Nature morte (fruits)* (pastel).
130. *Fleurs* (pastel).

JACQUELINE-HUBERT (Mme Madeleine), 84, rue de Rennes, Paris (Sre). — P. Lauréate de l'Institut Artistes Français. — V. Mention et Médaille.

131. Une vitrine de 5 miniatures :

1. *Portrait de Mlle S. M...* (miniature).
2. *Portrait de Mlle A. C...* (miniature).
3. *Fantaisie, rêverie* (miniature).
4. *Portrait du petit Jean* (aquarelle).
5. *Amours, d'après Boucher* (miniature).

JANDRON (Mlle Françoise), 3, rue de Metz, Saint-Germain-en-Laye (Sre).

132. *Les pots* (peinture).
133. *Le pommier* (peinture).

JANSON (René), 45, avenue de St-Cloud, Versailles (Sre). — V. 1re Méd. d'argent.

134. *Buste de M. J. D...*
135. *Buste de Mlle de la P...*

JANNOT-PINET, 39, rue de Condé, Lyon (Sre).

136. *Terrasse en novembre (Provence)* (peinture).
137. *Coin de jardin en juin (Provence)* (peinture).

JOUSSET (Marie), 6, avenue de la République, Epinay-sur-Seine

138. *Nature morte (oranges et citrons)* (peinture).

KIRÉEVSKY (Etienne), 65, avenue Marceau, Paris (16e) (Sre). — 1re Méd. d'argent (1901).

139. *Plaisante lecture* (huile).

LACROIX (Renée), 85, rue du Cherche-Midi, Paris (VIo) (Sre). — P. M. H. (peinture) et M. H. (architecture) Artistes Français.

140. *Coin d'atelier* (peinture).
141. *Sur le perron* (peinture).

LAGARDE-BROCHOT (Mlle Jeanne), 16, rue Joseph-Lambert, St-Cloud (Sre). — P. M. H. Artistes Français.

142. *Saint-Denis, les vieux vitraux* (peinture).
143. *Amiens* (peinture).

LAGROST (Marguerite), 11 *bis*, rue de Magdebourg, Paris.

144. *Intérieur* (peinture).
145. *Intérieur* (peinture)

LANDRE (Mlle Louise), 233, faubourg St-Honoré, Paris (S^{re}). — P. M. H. — V. Méd.

146. *Jeune fille aux roses* (huile).
147. *Jeune fille lisant* (huile).

LANES, 3, rue Mademoiselle, Versailles.

148. *Vieux coin de Toulouse* (aquarelle).

LASSENCE (Paul de), 15, rue Hégésippe-Moreau, Villa des Arts, Paris (18e) (S^{re}). — V. Méd. d'argent.

149. *Le moulin de Penanrœur-Loctudy* (peinture).
150. *La rentrée du chalutier, Concarneau* (peinture).

LECONTE (Yvonne), 18, route Nationale, Viroflay (S^{re}).

151. *Etude de jeune femme* (peinture).
152. *Jeune femme russe* (peinture).

LEFEBVRE-RAUGEL (Louise), 16, rue Perceval, Paris (14e) (S^{re}).

153. *Parc de Versailles* (peinture).
154. *Cloître de Saint-Jean-de-Latran* (peinture)

LEGRAND (Antoine), 18, rue du Hazard, Versailles (S^{re}). — V. Ier Prix Concours Amis des Arts.

155. *Consummatum est* (huile).

LE ROY (Henri), 7, rue Gambetta, Versailles (S^{re}). — V. H. C.

156. *Moulin, Quernel-Korsaint* (peinture).
157. *Chaumière, Bretagne* (peinture).

LESPAGNOL (Mlle Madeleine), 33, rue Bayen, Paris (17e) (S^{re}).

158. *Roses et quarantaines* (peinture).
159. *Au vase de cuivre* (peinture).

LESPAGNOL (Mme Hélène), 33, rue Bayen, Paris
    (17e) (S^re). — V. Mention.

160. *Roses, capucines et giroflées* (peinture).

LÉTARD-MORLIGHEM (Rosie), 21, boulevard
    Jules-Sandeau (S^re).

161. *A la lueur d'une lanterne (nature morte)*
    (huile).
162. *Pommes et bon vin (nature morte)* (huile).

LEVÉE (Mme Madeleine), 17 bis, rue de Mademoi-
    selle (S^re).

163. *Perroquet, vieux Chine et dahlias* (huile).
164. *Une corbeille renversée* (huile).

LIEURE (Louis), 16, rue de Châteaudun, La Ga-
    renne-Colombe (S^re).

165. *Eglise d'Oysonville (E.-et-L.)* (peinture).
166. *Château d'Oysonville (E.-et-L.)* (peinture).

LUCAS (Mlle Marie-Louise), 14, rue de l'Occident,
    Versailles (S^re).

167. *Devant la fenêtre* (peinture).

MAGHELLEN (Alfred de), 18, rue des Plantes, Paris.

168. *La ferme de Léomont (Meurthe-et-Moselle) en
    1916* (gouache).
169. *Etude de bœufs* (sanguine).

MAINDRON (Mlle Marie), 19, rue d'Aumale, Paris
    (9e) (S^re).

170. *Bord du lac à Morat (Suisse)* (peinture).

MAIRESSE (Mme Elise), 39, rue de l'Arbalète, Paris.

171. *Profil de jeune fille* (peinture).
172. *L'étang du Vieux-Moulin à Sarrebrück* (pein-
    ture).

MARCADIER (Louis), 17, rue de Satory, Versailles
    (S^re). — P. Méd. d'or Artistes Français, H. C.
    — V. Méd. de vermeil.

173. *Exposition d'ensemble, Fleurs et Portraits*.

MARCHAND (Camille), 3, square du Champ-de-Paris (15e)

174. *Vieille cour, Saint-Valéry-en-Caux* (aquarelle).
175. *La petite plage, Veules-les-Roses* (aquarelle).

MARCHETTI (Gustave-Henri), 10, rue Tholozé, Paris (18e) (S^{re}). — P. M. H. Artistes Français.

176. *La gardienne de moutons* (peinture).
177. *En Provence* (peinture).

MARTIN (Pierre), 12. boulevard Carnot, Dijon (Côte-d'Or). — P. Mention Artistes Français.

178. *La rue de l'Abreuvoir, à Semur* (aquarelle).
179. *L'Auberge fleurie, à Semur* (aquarelle).

MÉGRET (Odette), 6 bis, rue de la Paroisse (S^{re}).

180. *Fruits* (peinture).
181. *Nature morte* (peinture).

MIVIELLE (Alice), 33, Faubourg Montmartre (S^{re}).

183. *Pensées* (aquarelle).
184. *Anémones* (aquarelle).

MOREAU (Mme Renée), 15, rue Eugène-Rayé, Athis-Mons (S.-et-O.) (S^{re}).

185. *Saint-Palais-sur-Mer, marine* (peinture).
186. *Effet de lune, marine* (peinture).

MOUROLIN-CORBEL (Mme Jeanne), 71. rue Saussure, Paris (S^{re}).

187. *Œillets* (peinture).
188. *Soucis et coupe bleue* (aquarelle).

MOREAU (Simone), 13, rue d'Asnières, La Garenne (Seine) (S^{re}).

189. *Parc du Château de Versailles, automne* (peinture).
190. *Eglise Saint-Séverin, Paris* (peinture).

NÉRÉE-GAUTIER (Jane), 12, rue Louis-David, Paris (S^{re}). — P. Mention (1925). — V. Méd. arg.

191. *Raisin et zinnias* (peinture).
192. *Pois de senteur* (peinture).

NIELSEN (Henri). 6, rue du Général-Galliéni, Versailles (S^{re}). — V. M. H.

193. *Paris, la Seine* (peinture).
194. *Vu à Saint-Raphaël* (peinture).

ORPHÉE (André), 94, avenue de Paris, Versailles
(S^{re}).

195. *Fleurs* (huile).

PARIS (Louis), 4. rue Hoche, Versailles.

196. *Portrait d'enfant.*
197. *Portrait.*

PATOUREAU (Eve), 32, boulevard Richard-Lenoir,
Paris.

198. *Eléphant bleu et anémones* (aquarelle).
199. *Azalées* (aquarelle).

PENFEUTENYO (Marie de), 3, rue Gabriel, Versailles (S^{re}).

200. *Faucheurs bretons* (dessin).
201. *Une héroïne de Madame de Ségur* (craie).

PERRONNET (Maurice), 11, rue Henri-Monnier,
Paris (S^{re}).

202. *Mer sauvage (Bretagne)* (aquarelle).
203. *Retour de barques* (aquarelle).

PETIT-PAS (Maurice), 32, rue de Gisors, Pontoise
(S^{re}).

204. *Semur en septembre* (peinture).

RAYVAN (Germaine), 11, rue du Sud, Versailles (S^{re}).

205. *Eté bourguignon* (craie).
Route de l'Yonne (craie).
Un coin de l'Yonne (craie).
Frise dessus de porte (gouache).
Frise dessus de fenêtre (gouache).
Frise dessus de fenêtre (gouache).
Projet d'enseigne pour bar (aquarelle gouachée)
Cadre contenant 4 cartons de soieries (goua-
che).
*Cadre contenant 14 petits dessins à l'encre de
Chine pour illustrations.*

RAPEAU (Jules), 10, rue de Versailles, Viroflay (S^re).
  206. *Ruines méditerranéennes* (peinture).

RENAULT (Gaston). 30, rue Richaud, Versailles. —
  P. Mention. — V. H. C.
  207 *Un détail du chœur, Cathédrale d'Albi* (pein-
    ture).
  208. *Un coin à Cordes* (peinture).

ROUBAUD (Jean), 154, avenue du Pont-d'Epinay,
  Gennevilliers (Seine) (S^re).
  209. *Heure calme, Toulon* (peinture).
  210. *Pins tourmentés, Carqueirane* (peinture).

REGNAULT-TOURNEUR (Marie), 15, rue Jacques-
  Boyceau, Versailles (S^re). — V. M. H.
  211. *Vase et anémones jaunes* (aquarelle).
  212. *Marine, vue prise à Royan* (aquarelle).

RENE-ROUSSEL, 44, rue Carnot, Versailles (S^re).
  P. A. D. 1925 Méd. d'or. — V. Prix du Ministre.
  213. *Exposition d'ensemble* (gouache).

RENOUX (Hippolyte), Curé de Buc, par Versailles
  (S.-et-O.) (S^re) — P. Membre du Jury (Paris-
  Province). — V. U.
  214. *Le remords d'Hérodiade* (enluminure).

RICHARD (Edmond), 21, Grande-Rue, Neauphle-le-
  Château (S.-et-O.) (S^re). — P. Œuvres acqui-
  ses par la Ville de Paris. — V. Médaille.
  215. *Abricots* (aquarelle).
  216. *Eglantines* (aquarelle).

RICHARD-HENNECART (Francine), 58, avenue de
  Paris, Taverny (S.-et-O.) (S^re). — V. M. H.
  217. *Le châle fleuri* (pastel).
  218. *Tombeaux Sâadiens* (sépia).

ROUSSEAU-DECELLE (René), 235, faub. Saint-
  Honoré, Paris (S^re). — P. Médaillé A. F.,
  lauréat de l'Institut, 1er second Grand-Prix
  de Rome. — V. Méd. de vermeil.
  219. *Un doux rêve* (peinture).
  220. *Au bord de la mer* (peinture).

ROUSSILLE-DOURADOU (Mme Valentine), 9, rue
de Mouchy, Versailles (S^{re}). — V. M. H.

221. *Alep (Syrie), vieille rue* (aquarelle).
222. *Alep (Syrie), Mosquée de Cheik-Béhir* (aquarelle).

SALMON (Fernand), 65, boulevard Verd-de-St-Julien,
Meudon (S.-et-O.) (S^{re}).

223. *Parc du Château de Versailles, le Tapis Vert* (peinture).
224. *Petit Trianon, la Maison du Seigneur* (peinture).

SAUVAGE (Marie-Andrée), Villa des Etangs, chemin
du Janicule (S^{re}).

225. *Tête d'enfant* (pastel).
226. *Prophète* (pastel).

SLOM (Olga), 26, avenue des Gobelins, Paris (S^{re}).
— P. M. H., Méd. d'argent (Salon des Artistes Français).

227. *Paris, la rue Mouffetard et l'Eglise Saint-Médard* (peinture).
228. *Les bords du lac Léman à Vevey (Suisse)* (peinture).

VALENTIN (Suzanne), 151, boulevard Magenta (10e),
Paris (S^{re}). — V. Mention.

231. *L'arbre rouge à Vals (Ardèche)* (peinture).

VALET (Hélène), 66, avenue de Paris, Versailles
(S^{re}).

232. *Châle en soie peinte.*

VINCENT-BRECHIGNAC (Pierre), 4, rue Jacques-
Lemercier, Versailles (S^{re}).

233. *Etude. Bois de Fausse-Repose* (aquarelle).
234. *Reflet. Bassin de Neptune* (aquarelle).

VIVIEN (Joseph), 1, avenue Jean-Jaurès, Issy (Seine)
(S^{re}). — P M. H. 1923 (Artistes Français).

235. *Vieille maison* (peinture).
236. *Les Pins* (peinture).

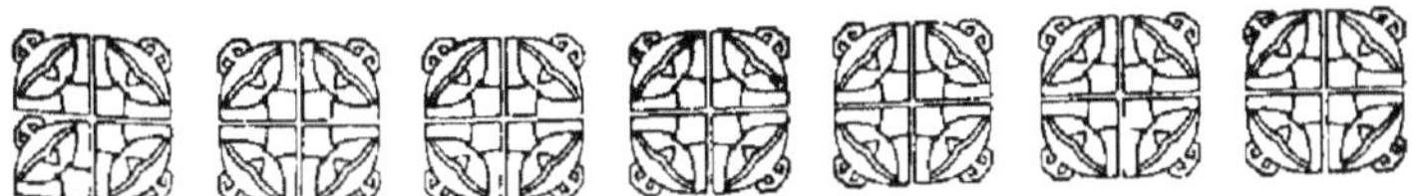

Énoncé de quelques Œuvres

dont les Notices nous sont arrivées

après la composition du présent Catalogue

BARATON (Lucie), 16 *bis*, rue de la Chancellerie, Versailles.

237. 2 *natures mortes* (anémones) fleurs et pommes (Peinture).

BERTIN (Anne), 8, rue Gay-Lussac, Paris.

238. *Émaux de Limoges.*

BURDY (Marguerite), 6, rue Burq, Paris. — P. H. C. (Artistes Français). V. Méd. d'argent.

239. *In'chant'ra plus mon merle* (Pastel).
240. *Au pays Catalan. — Séchage de piments* (Peinture).

DIEUAIDE (Yolande), 15, boulevard de la Reine, Versailles (S^re). — V. Mention.

241. *Tourmente de neige* (Peinture).

DOUMERC (Charles), 8, avenue des Combattants, Viroflay (S^re).

242. *Carrefour de la Chaumière* (Pastel).
243. *Église rustique* (Pastel).

ESPINOSA VIALE (Lia), 17, rue Gros, Paris (XVIe).

244. *Tête d'enfant* (Huile).
245. *Nature morte* (Huile).

GENETIER (Victor), 35, rue Jussieu, Paris (S^{re}).

246. *Le Pont d'Avignon* (Pastel).
247. *Cagnes-sur-Mer* (Pastel).

GOSSELIN CIZALETTE (Emilie), 18, rue Tronchet,
Paris (8e) (S^{re}). — P. Soc. Salon d'Automne.
— V. Mention.

248. *Vitrines bijoux*, 12 *pièces*, 1 *couverture de*
livre.

LECONTE (Yvonne), 18, rue Nationale, Viroflay
(S^{re}).

249. *Etude de fumeur* (Peinture).
250. *Jeune femme lisant* (Peinture).

DE NOLHAC (Henri), 21, rue de l'Orangerie, Versailles. — P. Associé Société Nationale des
Beaux-Arts.

251. *Portraits aux crayons*.

SIBERTIN-BLANC (René), 4 *bis*, rue Vital, Paris
(XVIe) (S^{re}). — Mention à l'Exposition inter-
nationale des Arts Décoratifs de 1925. —
V. M. A.

252. *En Beauce le soir* (Peinture).
253. *Le village de Sonchamp* (*S.-et-O.*) (Peinture).

GUITTON (Louis), 50, rue Saint-Louis, Versailles
(S^{re}).

254. *Hameau de Trianon* (Aquarelle).
255. *Pièce d'eau des Suisses le soir* (Aquarelle).

GUFFROY (Yvonne), « Kergevel », 17, rue Ciriale
Garches (S.-et-O.) (S^{re}).

256. *Job, vieux breton* (Peinture).
Coin de foire à Commana (Peinture).
Vieux périgourdin (Peinture).
Etude (Peinture).
Soucis (Aquarelle).
Le moulin du château de la Roche (*Finistère*)
(Aquarelle).
Adoration des Rois Mages (Esquisse).

LAFONT (Roger-Ambroise), 26, rue Poissonnière, Paris (2e) (Sre). — V. Mention.

257. *Vieille rue à Nice* (Peinture).
258. *Vieille rue à Cogne* (Peinture).

TACONET (Jeanne), 4, rue de Mouchy, Versailles (Sre). — V. M. H., Méd. arg., Méd. verm., et rappel.

259. *Fleurs* (Aquarelle).
260. *Paysage périgourdin* (Aquarelle).

AUBLET (Albert), 135, boulevard Bineau et Tunis, ✻. — Méd. d'or.

261. *Sidi ben Ziad, Tunis* (Peinture).
Rue Tourbet el Bey (Peinture).

JACQUOT-PIOGER (Pierre), 75, rue de la Paroisse, Versailles (Sre).

262. *La maison en miniature* (Construction).

DECŒUR (Elisabeth), 24, rue Bonaparte, Paris.

263. *Les rochers noirs* (Peinture).

PETERNIN (Victor), 5, avenue de St-Cloud, Versailles (Sre).

264. *Personnalités Versaillaises* (Photos).

VERSAILLES

—

IMPRIMERIE "LA GUTENBERG"

18, Avenue de Paris, 18

Matériel pour Artistes

Couleurs fines pour l'Huile et l'Aquarelle

Chassis nus et tendus -- Toiles au mètre

—— —— —— Papiers à dessin —— —— ——

G. JOSSE

19, rue de la Paroisse

VERSAILLES

Téléphone 20-30

Dépositaire de l'Artisan Pratique

toutes les nouveautés

pour les arts décoratifs

BROSSERIE -:- PRODUITS D'ENTRETIEN